Neue Faltideen für Weihnachten

Wenn die Tage kürzer werden und Weihnachten näher rückt, hat das Basteln Hochkonjunktur. Mit meinen neuen Faltideen lade ich Sie herzlich dazu ein.

Hochwertig veredelte Papiere verleihen Karten, Tischlichtern und Dosen eine exklusive Anmutung. Eine Lichterkette aus funkelnden Sternen verbreitet ein stimmungsvolles Leuchten in der dunklen Jahreszeit.

Überraschen Sie Ihre Gäste doch einmal mit außergewöhnlichen Gebäckschalen für den Weihnachtstisch. Schimmernder Christbaumschmuck oder ein prächtiger Rauschgoldengel bringen festlichen Glanz in Ihr Zuhause.

Eine schöne Weihnachtszeit und viel Spaß beim Falten wünscht Ihnen

Ihre

Margarete Vogelbacher

Die Motive lassen sich in folgende Schwierigkeitsgrade unterteilen:

● ○ ○ einfach   ● ● ○ etwas schwieriger   ● ● ● anspruchsvoll

ALLGEMEINE WERKZEUGE UND HILFSMITTEL, DIE SIE ZUR HAND HABEN SOLLTEN

- Transparent- oder Kopierpapier (Schablonen herstellen)
- Fotokartonrest (Schablonen herstellen)
- Bleistift
- dünner Filzstift in Schwarz
- Schere
- Cutter mit Schneideunterlage
- Kreisschneider (Zirkel)
- Geo-Dreieck
- Prägestift (bzw. Stricknadel oder Messerrücken)
- dicke Nähnadel
- Schaschlikstäbchen
- UHU extra

Hinweis: Bitte keine wasserlöslichen Klebstoffe verwenden, da sie die Papiere wellen.

ZUSÄTZLICHE MATERIALIEN

- einseitig beschichtete Glanzpapiere (ca. 90 g/m²)
- Transparentpapier extrastark (115 g/m²) und Tonpapier in verschiedenen Farben und Mustern
- Tonpapier für die Basisanleitungen
- Glasteelichter
- verschiedene Perlen und Strasssteine
- Nähfaden in Silber und Gold
- Silberdraht, ø ca. 0,5 mm

Genaue Materialangaben sind bei den einzelnen Modellen angegeben.

Bitte vor Arbeitsbeginn unbedingt beachten:

◆ Grundlage für alle Modelle sind die Basisanleitungen. Sie sind leicht zu lernen und schnell nachzufalten, sollten aber etwas geübt werden, damit die Falten später gleichmäßig ausfallen.

◆ Bitte lesen Sie die Beschreibungen aufmerksam und falten Sie möglichst genau, um beste Ergebnisse zu erzielen.

◆ Streichen Sie die Falzkanten fest, aber behutsam glatt. Bei zu starkem Druck und durch häufiges Hin- und Herfalten kann das Papier brechen.

◆ Bitte beachten Sie unbedingt die mm-Angaben bei den einzelnen Beschreibungen, da sich sonst die Formen so verändern können, dass sie nicht mehr zusammenpassen.

◆ Hinweise zum Übertragen von Vorlagen mit Schablonen finden Sie auf Vorlagenbogen A.

Tipps und Tricks

◆ Bei den Zuschnittgrößen sind immer die Durchmesser angegeben. Für die Einstellungen des Kreisschneiders bzw. Zirkels den halben Durchmesser, also den Radius, verwenden.

◆ Transparentpapier mit Sternenmuster (extrastark, 115 g/m²) ist in Bastel- sowie in Schreibwarengeschäften erhältlich. Meistens wird es in Rollen, 50 cm x 70 cm groß, oder als Bogen in der Größe 25 cm x 35 cm angeboten. Normales Transparentpapier ist zu dünn und eignet sich daher nicht für diese Modelle.

◆ Bitte einseitig beschichtetes Glanzpapier (ca. 90 g/m²) verwenden, da dünneres Papier nicht stabil genug ist. Wahlweise kann auch herkömmliche Alu-Bastelfolie verwendet werden.

Achtung: Brennende Teelichter nicht unbeaufsichtigt lassen, Brandgefahr!

MATERIAL
◆ Kreis aus Tonpapier, ø 16 cm

Basisanleitung 1

Wichtig: Bei Papieren mit Vorder- und Rückseite muss die Papiervorderseite nach der Faltung immer innen liegen.

Kreisfaltung

1 Den Kreis in der Mitte falten, die Faltung öffnen, quer zum Falz noch einmal falten und wieder öffnen. Zwei gegenüberliegende Falten fassen und die Figur zusammenschieben.

2 Die Figur auf die Arbeitsfläche legen und je zwei Falzkanten genau aufeinander legen. Die Mitte der Figur flach drücken und glatt streichen. Den Vorgang zur anderen Seite wiederholen. Es sind vier Flügel entstanden.

3 Einen der beiden oberen Flügel zunächst senkrecht stellen, dann öffnen und flach drücken. Bei diesem Vorgang sollten Sie darauf achten, dass alle in der Mitte liegenden Falzkanten genau neben- bzw. übereinander sind. Die Flügelspitze öffnet sich leichter, wenn man ein Schaschlikstäbchen behutsam hineinschiebt.

4 Die Figur umdrehen und den Vorgang wiederholen. Den rechten kleinen Flügel nach links klappen. Die Figur umdrehen und wieder den rechten Flügel nach links klappen.

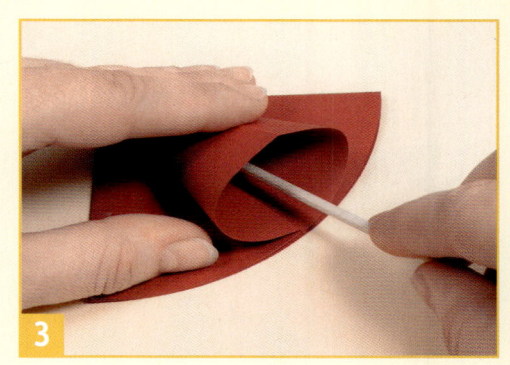

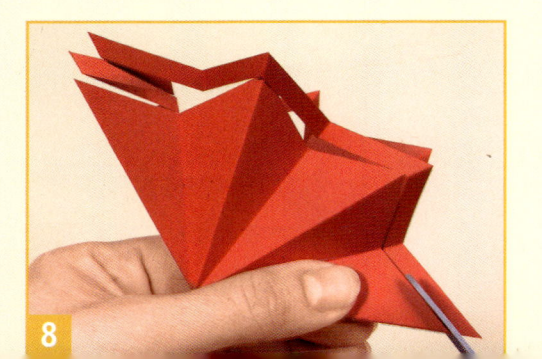

5 Mit den restlichen großen Flügeln genauso verfahren. Dabei ebenfalls einen der jeweils neu entstandenen kleinen Flügel auf die gegenüberliegende Seite klappen. Der Kreis hat nun 8 Falten.

Hinweis: Bei der Weiterverarbeitung wird von der Spitze (= Mitte des Kreises) ein kleines Stück abgeschnitten. Außerdem wird die Figur bei einigen Modellen gewendet, d. h. das Innere kommt nach außen. Bitte die Hinweise und Maßangaben bei den einzelnen Beschreibungen genau beachten.

Zackenschräge (ZS.) und Rahmen schneiden

Beispiel mit einer ZS. von 2 cm

6 Bei einer Falte 2 cm unterhalb vom Rand einen geraden Schnitt bis zum nächsten Falzende ausführen.

7 Die nächste Falte von hinten an die geschnittene Falte anlegen und genauso zuschneiden. Dabei immer nur die zuletzt geschnittene Falte als Vorlage für die nächste nehmen.

8 Den entstandenen Stern wenden. Die Rahmen entsprechend den Modellangaben auf eine Falte aufzeichnen und schneiden. Anschließend wie bei Schritt 7 beschrieben weiterarbeiten.

Wichtig: Diese Vorgänge sollten etwas geübt werden, damit die Zacken und Rahmen gleichmäßig werden. Das ist besonders wichtig bei zusammengesetzten Modellen.

MATERIAL
◆ Tonpapier, A5

Basisanleitung 2

Fächerfaltung

1 Das Rechteck quer in der Mitte falten und wieder öffnen. Nun die Kanten an die Mittelfalte anlegen, falzen und wieder öffnen. Die obere Kante mit einem Punkt markieren (wenn das System klar ist, braucht man keine Markierung mehr).

2 Die untere (nicht markierte) Kante an die unterste Falte anlegen, falzen, öffnen, dann an die oberste Falte anlegen, falzen, öffnen. Das Papier um 180° drehen. Die untere (markierte) Kante an die unterste Falte anlegen, falzen, öffnen, dann an die zweite Falte von oben anlegen, falzen, öffnen. Das Papier wenden. Nach dem Wenden werden die bis jetzt gefertigten Falten im folgenden als „Berg-Falten" bezeichnet.

3 Die untere Kante an die unterste Berg-Falte anlegen, aber nicht mehr öffnen (1. „Tal-Falte" entsteht). Die erste Berg-Falte und die untere Kante zusammenfassen, an die nächste Berg-Falte anlegen und die zweite Tal-Falte falzen.

4 Nach diesem System weiterfalten. Das Blatt ist nun in acht gleichmäßige Falten gelegt. Um ein Rechteck in 16 Falten zu legen wird Schritt 2 sinngemäß wiederholt. Schritt 3 bildet immer den Abschluss.
Um Faltenbänder optimal miteinander zu verbinden wird meist ½ Falte, d. h. an einer Breitseite das Stück bis zum ersten Falz, abgeschnitten.

Tipp: Eine Tischkante oder die Kante einer Arbeitsplatte, die von unten gegen die jeweils zu fassende Bergfalte drückt, kann sehr hilfreich sein.

Sternenteelicht in Gold

→ strahlend schön

VORAUSSETZUNG
Basisanleitung 1

MATERIAL
- Alu-Bastelfolie in Gold, A4
- einseitig beschichtetes Glanzpapier in Gold mit Karomuster, A4
- Glasteelicht, ø 4,5 cm, 2,5 cm hoch

ZUSCHNITT
- je 1 Kreis aus Alu-Bastelfolie, ø 13 cm und 15 cm
- Kreis aus Glanzpapier, ø 17 cm

VORLAGENBOGEN A
Schablone E + F

1 Bei den Kreisen aus Alu-Bastelfolie jeweils eine Seite nahe der Mitte als Rückseite markieren.

2 Den kleinsten Kreis in 8 Falten legen, die äußerste Spitze abschneiden und die Vorderseite nach außen wenden. Die Falten gleichmäßig nach zwei Seiten verteilen, das Modell ablegen und mit dem Cutter die Rundungen begradigen.

3 Die Faltungen öffnen, das entstandene Achteck zur Hälfte falten, sodass die Vorderseite zu sehen ist, und ablegen. Die rechts liegende Zacke so falten, dass die Kante an der nächsten Tal-Falte liegt und wieder öffnen (Abb. 1). Alle Zacken entsprechend bearbeiten.

4 Nun den Falz zwischen den beiden Dreiecken bis zum Knick einschneiden. Die Dreiecke auf die Rückseite klappen und festkleben, so erhält die Form mehr Stand.

5 Den Stern flach ausbreiten, sodass die Vorderseite zu sehen ist und Schablone E auflegen (Tal-Faltenmarkierungen beachten!). Mit dem Prägestift die Umrisse auf die Folie übertragen. Die Schablone festhalten und die Folie an der Prägelinie entlang senkrecht nach oben drücken (Abb. 2).

6 Den mittleren und den großen Stern entsprechend anfertigen, dabei Schablone F verwenden. Die Sterne der Größe nach ineinander kleben und das Glasteelicht einsetzen.

7

Himmlische Engelchen

→ einfach zauberhaft!

VORAUSSETZUNG
Basisanleitung 2

**MATERIAL
PRO ENGEL**
- Briefpapier mit Seidenglanz oder Tonpapier (130 g/m²) in Weiß, A4
- Klebefolie in Gold bzw. Silber, ca. 5 cm x 20 cm
- Rohholzperle, ø 2 cm
- Acrylfarbe in Weiß, Rot und Braun
- sehr feiner Haarpinsel
- Linsenperle in Gold bzw. Silber, ø 6 mm
- Nähfaden in Gold bzw. Silber, 20 cm lang

ZUSCHNITT
- Rechteck in Weiß, 8 cm x 18 cm (Rock)
- Streifen in Weiß, 1 cm x 4 cm (Bund)
- Brustschild in Weiß (Schablone H)
- Trapez in Weiß, 3 cm x 18 cm x 11 cm (Flügel)
- Streifen in Weiß, 1,5 cm x 4 cm (Flügelmitte)
- 8 Streifen aus Klebefolie in Gold bzw. Silber, je 3 mm x 20 cm
- Streifen aus Klebefolie in Gold bzw. Silber, 2 mm x 15 cm

VORLAGENBOGEN B
Schablone H, Gesicht und Trapez für Flügel

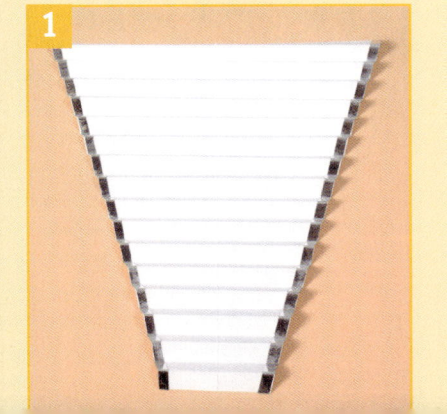

1 Auf die Holzperle gemäß Vorlage Haare, Augen, Mund und Nase aufmalen.

2 Das Rechteck in 16 Falten legen und diese eng zusammendrücken. Anschließend wieder glatt streichen und je zwei Zierstreifen (3 mm breit) im Abstand von 1 cm zueinander auf der Vorder- und Rückseite aufkleben. Nun die Falten noch einmal eng zusammendrücken. Die Kante ohne Verzierung mit dem Streifen für den Bund umkleben, dann den Rock auffächern.

3 Das Trapez der Länge nach in der Mitte falten und wieder öffnen. Danach quer in 16 Falten legen, dabei die Längsfalte zur Orientierung nehmen. Eng zusammendrücken und anschließend glatt streichen. Die Zierstreifen (3 mm breit) an den schrägen Kanten der Vorder- und Rückseite aufkleben (Abb. 1). Die Falten wieder eng zusammendrücken und in der Mitte mit dem Streifen für die Flügelmitte umkleben. Die Flügel auffächern.

4 Flügel und Rock aneinander kleben (Abb. 2). Den Brustschild mit Zierstreifen (2 mm breit) bekleben und mit einer Nadel in der Mitte ein Loch einstechen. Den Nähfaden durchziehen und verknoten. Den Brustschild am vorderen Rockbund, dem Mittelteil der Flügel und am hinteren Rockbund festkleben.

5 Die Linsenperle und die gemäß Vorlage bemalte Holzperle auffädeln und eine Schlaufe für die Aufhängung knoten.

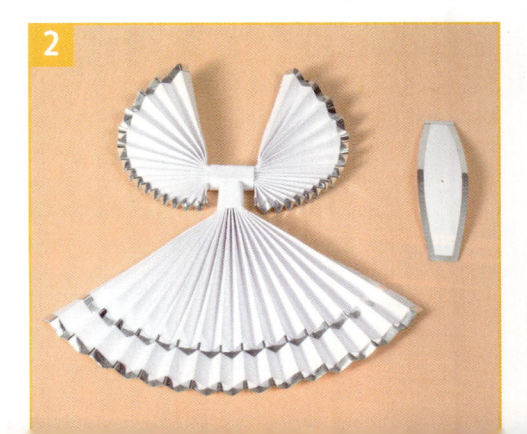

1

2

Grußkarte in Rot-Gold

→ sehr edel

VORAUSSETZUNG
Basisanleitung 1

MATERIAL
- Karte in Dunkelrot, 15 cm x 21 cm
- Briefpapier mit Seidenglanz in Gold, A4
- einseitig beschichtetes Glanzpapier in Dunkelrot gemustert, A5
- 2 Kunststoffperlen in Gold, ø 3 mm
- selbstklebender Schriftzug in Gold: „Frohe Weihnachten"

ZUSCHNITT
- Rechteck aus Glanzpapier, 13 cm x 19 cm
- Rechteck aus Briefpapier, 12 cm x 18 cm
- Kreis aus Briefpapier, ø 8 cm, ZS. 1,3 cm (3 Rahmen: 4 mm, 3 mm und 4 mm breit)
- Kreis aus Briefpapier, ø 6 cm, ZS. 1 cm (2 Rahmen: 4 mm und 3 mm breit)

1 Die beiden Kreise in je 8 Falten legen, die äußerste Spitze abschneiden, wenden und die ZS. wie angegeben schneiden. Die so entstandenen Sterne nochmals wenden, die Rahmen an je einer Zacke anzeichnen (die Angaben beginnen jeweils mit dem Außenrahmen) und Rahmen für Rahmen schneiden (Seite 4, Abb. 8). Die Rahmen behutsam flachdrücken.

2 Die Zacken des Mittelsterns auf der Rückseite etwas unterhalb der Zackenspitzen mit Klebstoff betupfen und versetzt auf den kleinsten Rahmen kleben.

3 Bei dem kleineren Stern den zweiten Rahmen hinter den ersten kleben. Dabei nur die Zackenspitzen die zur Mitte zeigen mit Klebstoff einstreichen.

4 Beim größeren Stern den zweiten Rahmen versetzt hinter den ersten kleben. Den dritten Rahmen hinter den zweiten kleben, dabei wiederum nur die Zackenspitzen die zur Mitte zeigen mit Klebstoff bestreichen. In die Mitte wie abgebildet jeweils eine Perle kleben.

5 Das dunkelrot gemusterte Rechteck an allen vier Seiten je 1 cm weit zur Rückseite hin falten und festkleben. Das Rechteck auf das goldfarbene Papier kleben und beides auf der Karte befestigen. Obenauf die Sterne und den Schriftzug anbringen.

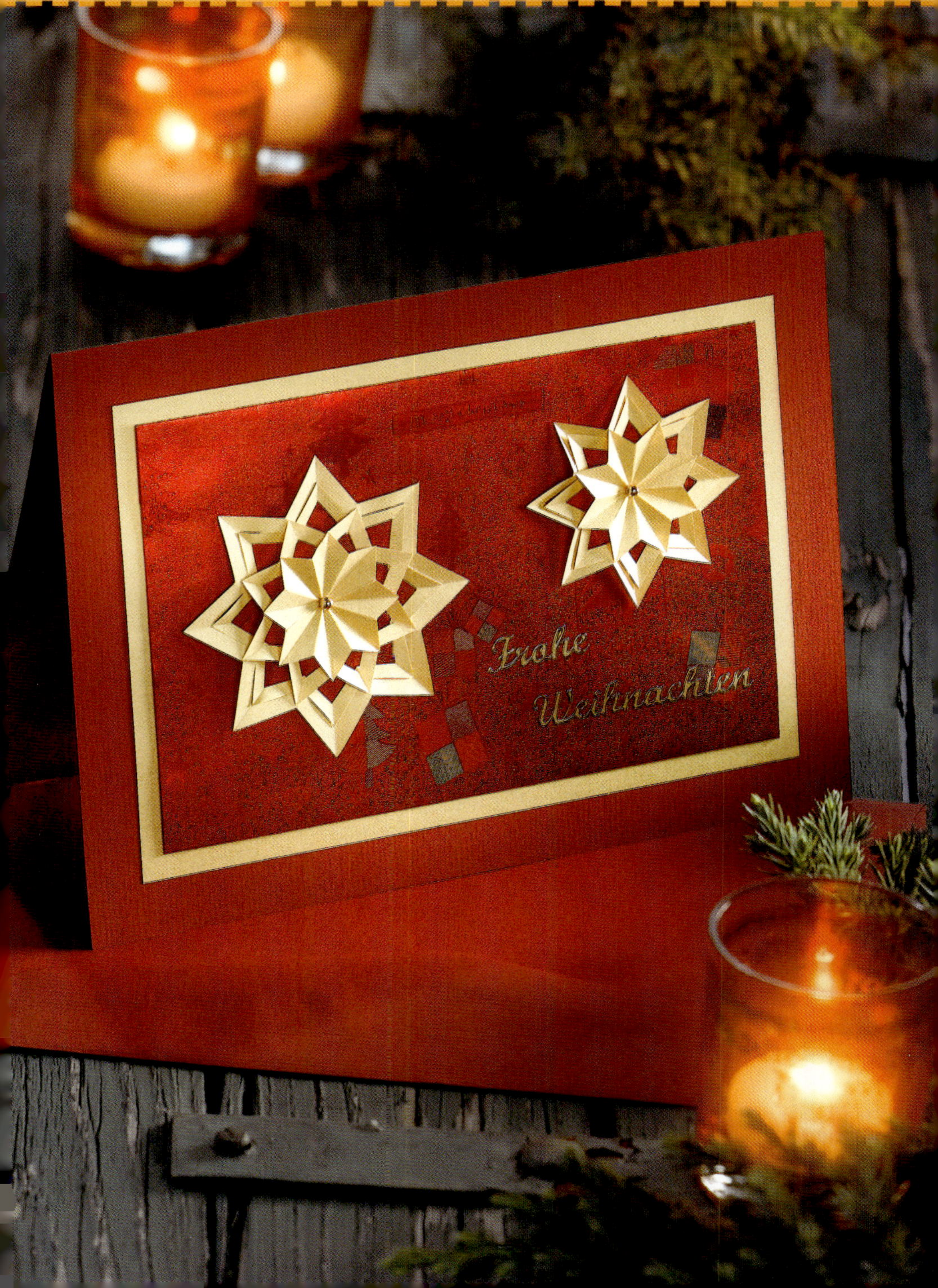
Frohe
Weihnachten

Lichterkette „Sterne"

→ aus Transparentpapier

VORAUSSETZUNG
Basisanleitung 1

MATERIAL
- Transparentpapier extrastark (115 g/m²) in Weiß mit Goldsternmuster, 2 x 50 cm x 60 cm
- Alu-Bastelfolie in Gold, A4
- Golddraht, ø ca. 0,5 mm, 10 x 4 cm lang
- 10er Mini-Lichterkette

ZUSCHNITT
- 20 Kreise aus Transparentpapier, je ø 15 cm
- 20 Kreise aus Alu-Bastelfolie, je ø 5 cm, ZS. 8 mm

1 Alle Kreise aus Transparentpapier in je 8 Falten legen und danach die äußerste Spitze (max. 1 mm) abschneiden. Pro Stern werden zwei Kreise benötigt. Die gefalteten Teile flach ausbreiten und so ablegen, dass die Papierrückseite zu sehen ist. Nun die Berg-Falten 2,5 cm vom Rand entfernt markieren und bis zur Markierung einschneiden. Von der Markierung bis zum Ende der benachbarten Falten Linien prägen. Das Papier an den Linien zur Papierrückseite hin falten und wieder öffnen.

2 6 mm breite Klebelaschen stehen lassen, den Rest abschneiden und die Klebelaschen zur Spitze hin noch etwas abschrägen (Abb.). Die Klebelaschen halb zur Papierrückseite hin falten und gleichmäßig mit UHU extra einstreichen, dabei einmal die Klebelaschen zwischen zwei Zackenspitzen für das Lämpchen frei lassen.

3 Zunächst die beiden Sternhälften lose aneinander legen, die Laschen ohne Klebstoff müssen jetzt passgenau einander gegenüber liegen. Dann die Spitzen exakt aufeinander kleben. Nun seitlich der Spitzen die Kanten zusammendrücken, sodass die Klebelaschen beider Teile zusammenkleben.

4 Die Kreise aus Alu-Bastelfolie in je 8 Falten legen, die ZS. wie angegeben schneiden und die äußerste Spitze abschneiden. Die Sterne wenden und wie abgebildet auf die Transparentpapiersterne aufkleben.

5 An der offenen Stelle des Sterns seitlich der Tal-Falte mit einer Nadel ein Loch einstechen. Ein 4 cm langes Stück Golddraht hindurchschieben und so umbiegen, dass er nicht mehr herausrutschen kann. Den Stern über ein Lämpchen schieben und mit dem Draht befestigen.

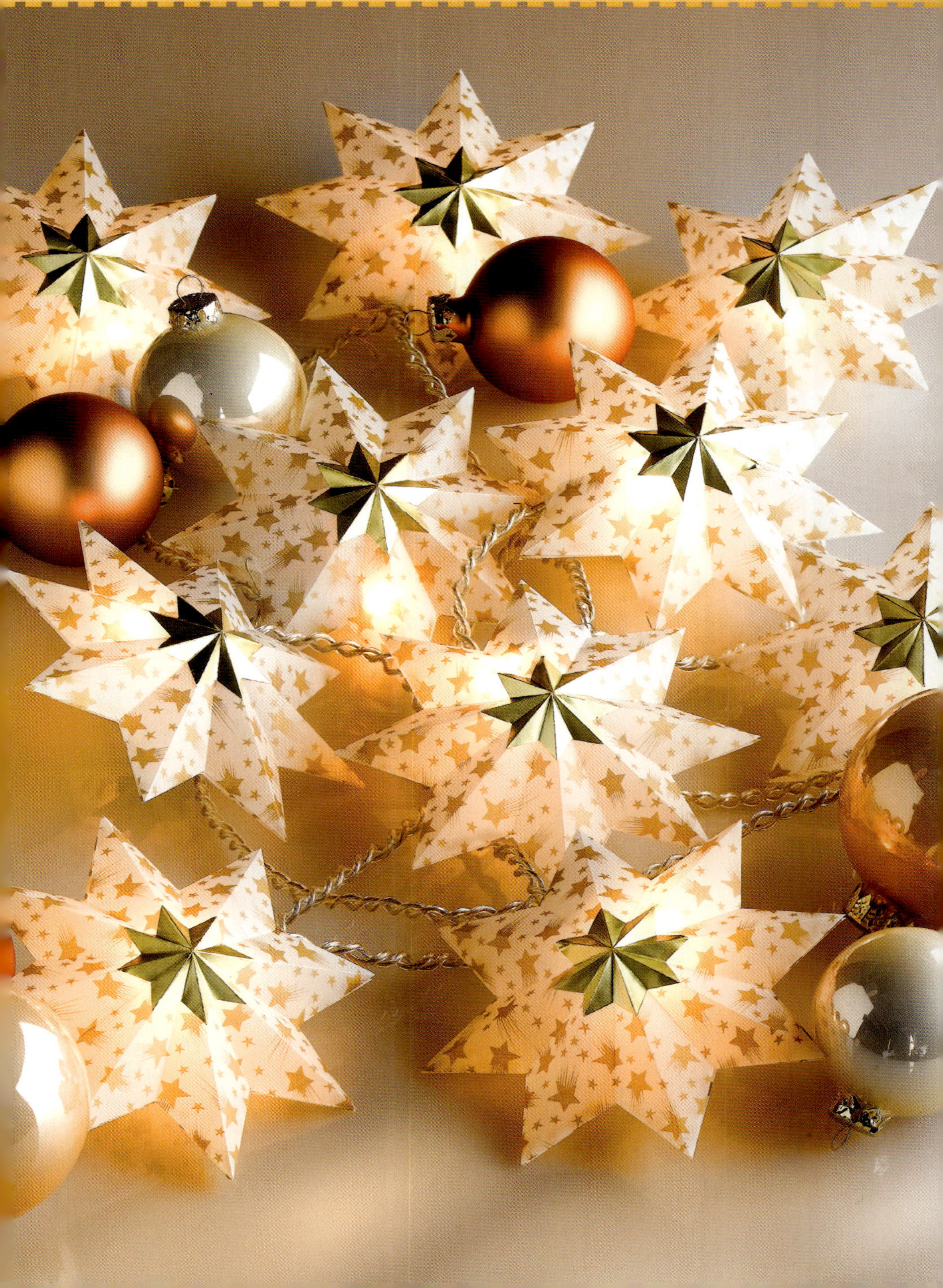

Gebäckschalen in Sternform

→ zeitlos schön

VORAUSSETZUNG
Basisanleitung 1

MATERIAL
- Tonpapier (130 g/m²) in Silber bzw. Hellblau, 25 cm x 35 cm
- selbstklebende Sterne in Silber, ø ca. 7 mm
- Mini-Serviette in Weiß, 25 cm x 25 cm bzw. Haushalts-Alufolie, ca. 20 cm x 20 cm
- Bogenrandschere

ZUSCHNITT
- Kreis in Silber bzw. Hellblau, ø 24 cm
- Achteck in Silber bzw. Hellblau (Schablone G, großes Achteck)

VORLAGENBOGEN A
Schablone G

1 Den Kreis in 8 Falten legen. Die Flügel gleichmäßig nach zwei Seiten verteilen, das Modell ablegen und die Rundungen mit dem Cutter begradigen. Von der Spitze 1 mm abschneiden.

2 Das Modell behutsam öffnen und alle Falten, die auf gerade Kanten treffen, 4 cm tief einschneiden. Ausgebreitet so ablegen, dass die eingeschnittenen Falten als Berg-Falten liegen. Vom Ende der Einschnitte bis zur Spitze der benachbarten Falten Linien prägen und das Papier an den Linien falten (Abb.).

3 Schablone G auflegen (Tal-Faltenmarkierungen beachten!) und die Umrisse mit einem Prägestift nachfahren. Die Schablone festhalten und das Papier Seite für Seite an der Prägelinie entlang nach oben drücken (Abb.). Das Achteck aus Tonpapier innerhalb der Prägelinie einkleben.

4 Nun die Seitenteile der Zacken übereinander kleben und die selbstklebenden Sterne anbringen.

5 Aus der Serviette bzw. aus der Alufolie einen Kreis (ø 16 cm) mit der Bogenrandschere ausschneiden und in die Schale legen.

Tipp: Legen Sie unbedingt Alufolie und keine Papierservietten in Schalen aus buntem Tonpapier, da das Gebäck sonst Flecken auf dem Papier hinterlassen kann.

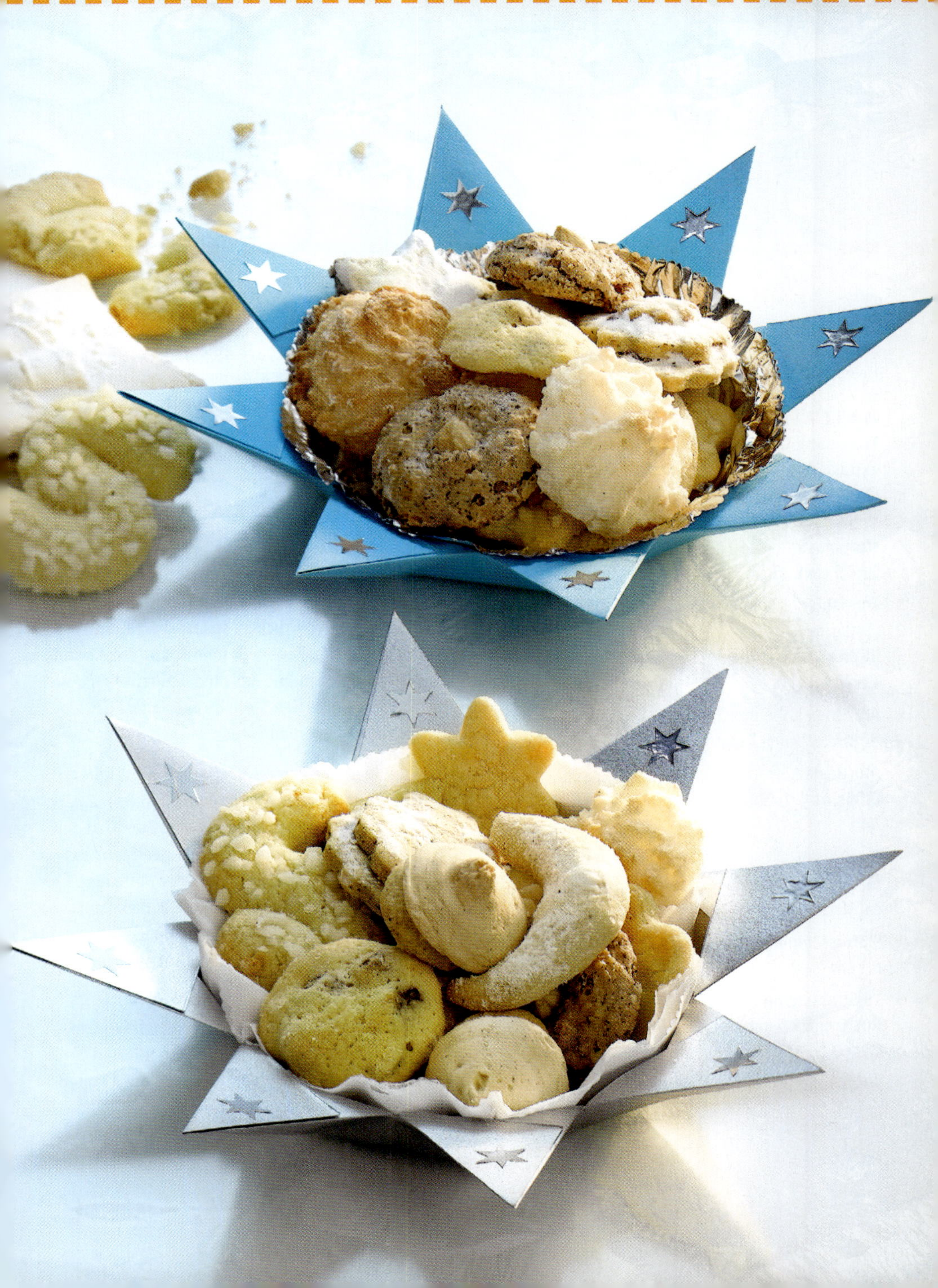

Prächtiges Sternenrad

→ mit Strasssteinen

VORAUSSETZUNG
Basisanleitung 1+2

MATERIAL
- Transparentpapier extrastark (115 g/m²) in Weiß mit Goldsternmuster, 2 x 25 cm x 35 cm
- Tonpapier (130 g/m²) in Weiß, ca. 11 cm x 11 cm
- Alu-Bastelfolie in Gold, ca. 7 cm x 7 cm
- Alu-Bastelkarton (300 g/m²) in Gold, A4
- Fotokarton (300 g/m²) in Weiß, ca. 10 cm x 10 cm
- 9 Strasssteine in Rot, ø 1 cm
- 16 Strasssteine in Rot, 5 mm x 5 mm
- Nähfaden in Gold, 30 cm lang (Aufhängung)

ZUSCHNITT
- 4 Rechtecke aus Transparentpapier, je 12 cm x 24 cm
- Kreis aus Fotokarton, ø 9 cm
- je 1 Kreis aus Transparentpapier und Tonpapier, ø 10 cm, ZS. 2 cm
- Kreis aus Alu-Bastelfolie, ø 6 cm, ZS. 1 cm
- Rahmen aus Alu-Bastelkarton, ø außen 22 cm, 1 cm breit
- Stern aus Alu-Bastelkarton (Schablone D, größter Stern)

VORLAGENBOGEN B
Schablone D

1 Die Rechtecke gemäß Basisanleitung 2 quer in je 16 Falten legen. An einem Ende von jedem Faltenband ½ Falte abschneiden und die erste bzw. die letzte ½ Falte von jeweils zwei Faltenbändern aufeinander kleben. Die beiden nun doppelt so langen Faltenbänder auf dieselbe Weise an beiden Seiten so miteinander verbinden, dass sich die Papierrückseite an der entstandenen Röhre außen befindet.

2 Die Röhre (60 Falten) aufrecht hinstellen. Die Falten der oberen Öffnung eng zusammen und nach unten drücken, sodass die Falten strahlenförmig liegen. Den Kreis aus Fotokarton mittig aufkleben und das Modell umdrehen. Auf die Vorderseite den Stern aus Alu-Bastelkarton und den Rahmen aufkleben.

3 Alle Kreise gemäß Basisanleitung 1 falten, die äußerste Spitze abschneiden und wenden. Die ZS. wie angegeben schneiden. Zunächst den Stern aus Transparentpapier auf den Stern aus Tonpapier kleben, dabei nur in der Mitte Klebstoff auftragen. Den Doppelstern versetzt auf den bereits aufgeklebten Stern aufkleben. Obenauf wieder versetzt den Stern aus Alu-Bastelfolie befestigen.

4 Die Strasssteine wie abgebildet aufkleben. Am Rand des Sternenrades mit einer Nadel ein Loch einstechen und den Aufhängefaden anknoten.

Vorlagen übertragen mit Schablonen

Mit den abgebildeten Vorlagen Schablonen aus Fotokarton ausschneiden. Dafür das Transparentpapier auf die benötigte Vorlage legen und diese mit einem Bleistift genau und sauber nachfahren. Dann das Transparentpapier auf Fotokarton kleben und die Form exakt ausschneiden. Die Umrisse der Schablone auf das jeweils benötigte Papier übertragen.

Achteck-Schablonen dabei immer so auf die Mitte des entsprechenden Modells legen, dass die Tal-Faltenmarkierungen der Schablone genau mit den Tal-Falten des Modells übereinstimmen.
Mit dem Prägestift werden bei einigen Modellen Linien vorgezogen, damit sie im Anschluss leichter und exakt gefaltet werden können. Dafür unbedingt ein Geo-Dreieck zu Hilfe nehmen.

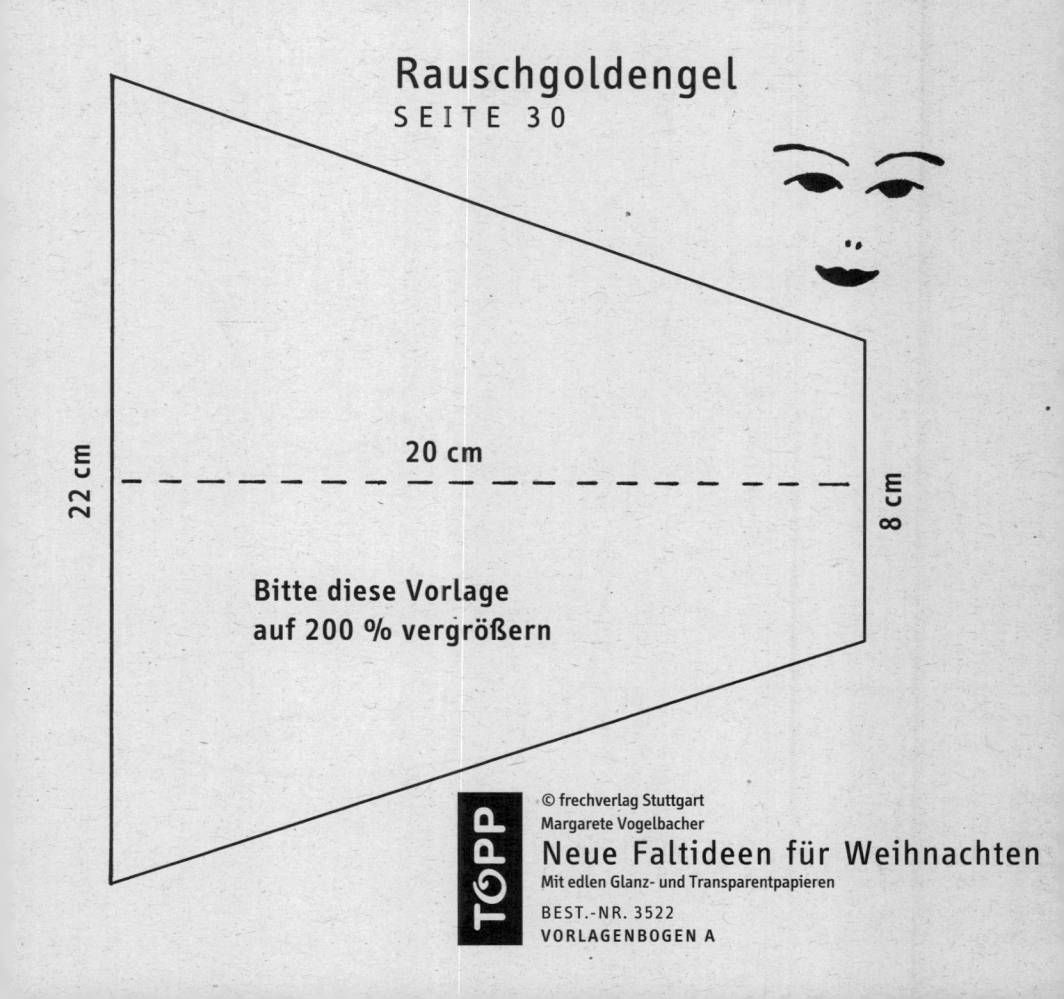

Rauschgoldengel
SEITE 30

22 cm — 20 cm — 8 cm

Bitte diese Vorlage auf 200 % vergrößern

© frechverlag Stuttgart
Margarete Vogelbacher
Neue Faltideen für Weihnachten
Mit edlen Glanz- und Transparentpapieren
BEST.-NR. 3522
VORLAGENBOGEN A

Himmlische Engelchen
SEITE 8

Rausc
SEITE

3 cm

18 cm

Bitte diese Vorlage auf 200 % vergrößern

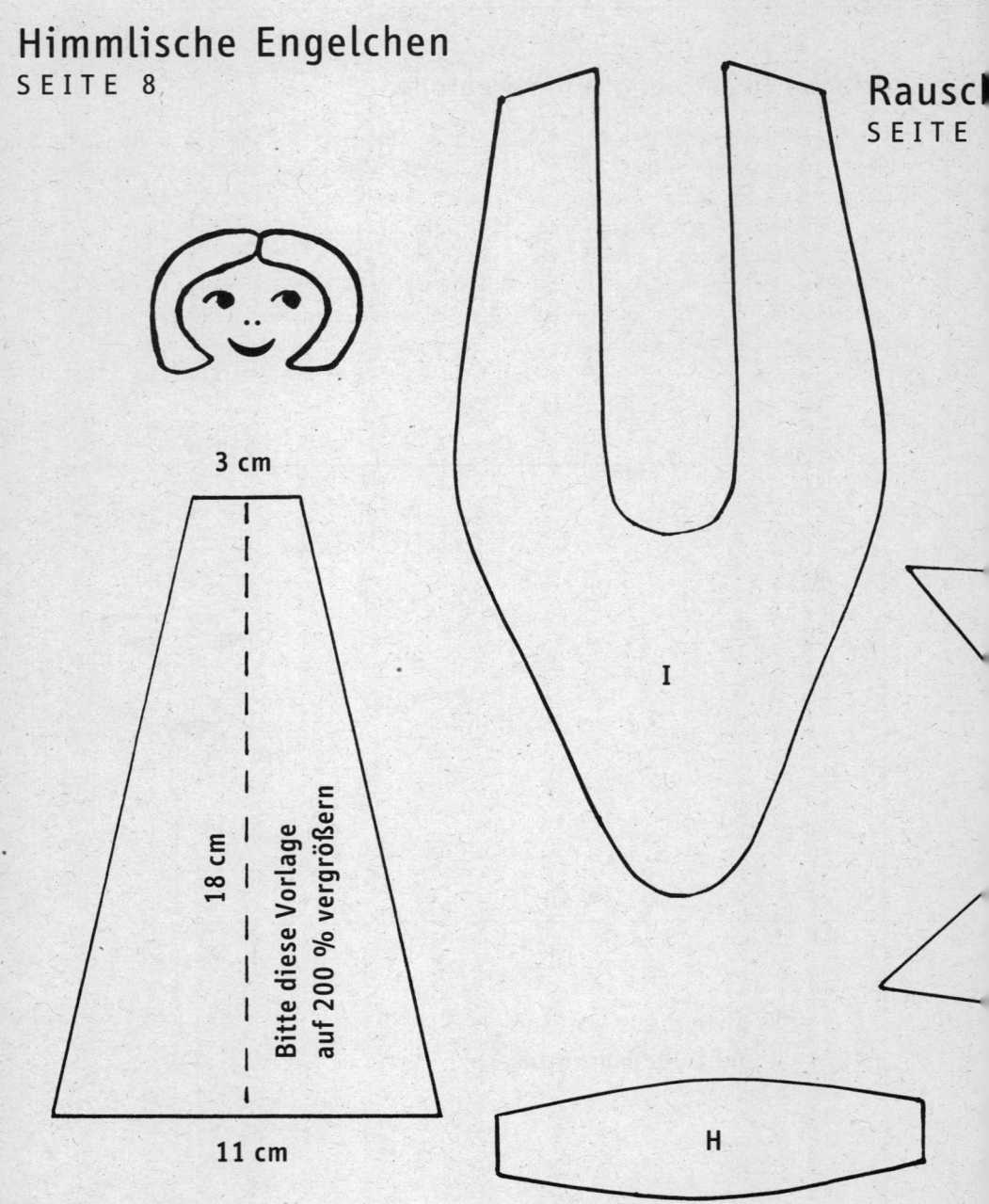

11 cm

I

H

© frechverlag Stuttgart
Margarete Vogelbacher
Neue Faltideen für Weihnachten
Mit edlen Glanz- und Transparentpapieren
BEST.-NR. 3522
VORLAGENBOGEN B

TOPP

oldengel

A B C D

Tal-Falte

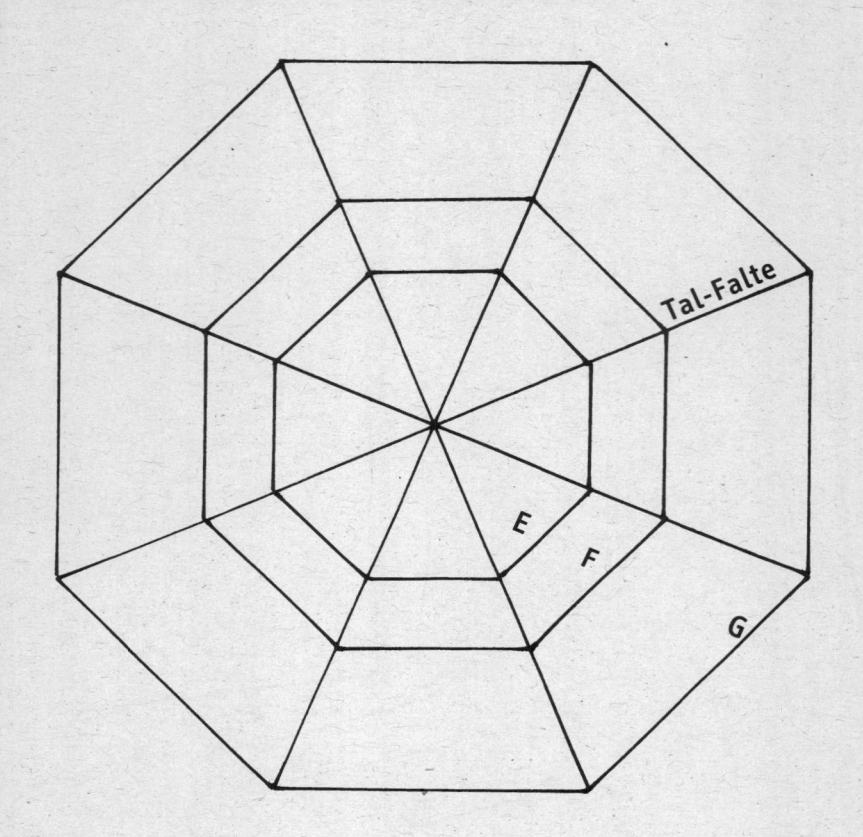

E F

G

Dekorativer Christbaumschmuck
SEITE 29

Engel

Bitte auf 200 % vergrößern

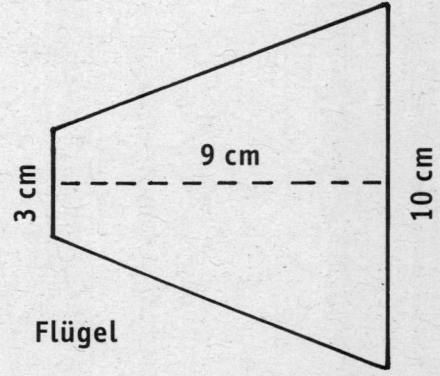

Flügel

3 cm | 9 cm | 10 cm

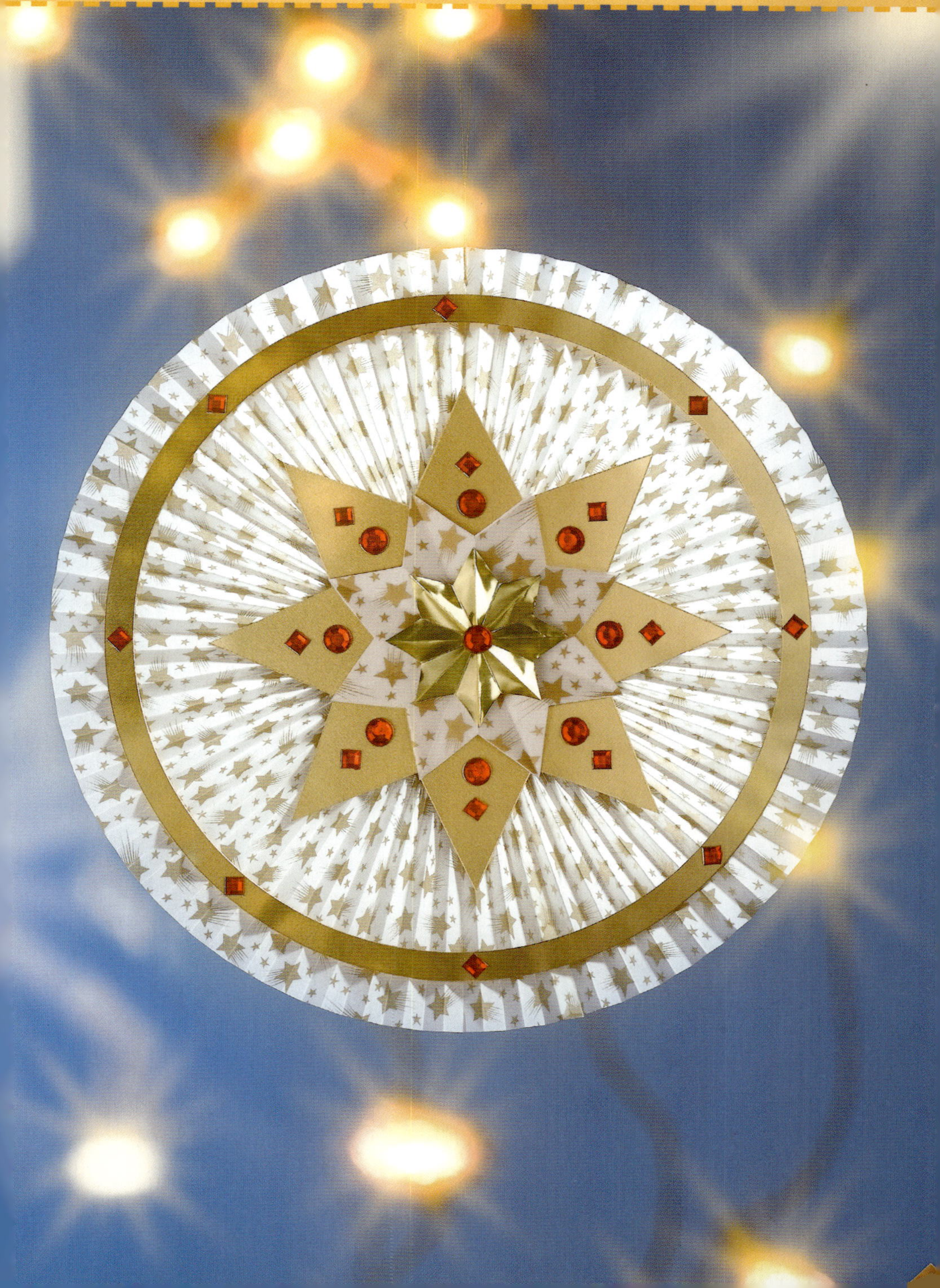

Schimmerndes Ensemble

→ Teelichthalter und Stern

VORAUS-
SETZUNG
Teelichthalter:
Basisanleitung 2
Stern:
Basisanleitung 1

MATERIAL
2 TEELICHT-
HALTER
- Tonpapier
  (130 g/m²) in
  Weiß, A5
- Briefpapier mit Sei-
  denglanz in Cha-
  mois, A4
- Briefpapier mit Sei-
  denglanz und Mus-
  ter in Chamois, A4
- Klebefolie in
  Silber,
  ca. 4 cm x 30 cm
- 2 Glaseelichter,
  ø 4,5 cm,
  2,5 cm hoch

STERN
- Briefpapier mit
  Seidenglanz in
  Chamois, A5
- Briefpapier mit Sei-
  denglanz und Mus-
  ter in Chamois, A5
- Alu-Bastelfolie in
  Silber, A5
- Alu-Bastelkarton
  (300 g/m²) in Silber,
  A5
- 8 Strasssteine in
  Silber, ø 5 mm
- Strassstein in Silber,
  ø 1 cm

ZUSCHNITT
PRO TEE-
LICHTHALTER
- Rechteck aus
  Tonpapier,
  4,5 cm x 15 cm
- 2 Kreise aus Tonpa-
  pier, je ø 4,4 cm
- Rechteck in
  Chamois,
  7 cm x 30 cm
- Rechteck in Cha-
  mois mit Muster,
  3,5 cm x 30 cm
- 2 Streifen aus
  Klebefolie, je
  5 mm x 30 cm

STERN
- Kreis in Chamois
  mit Muster,
  ø 5 cm, ZS. 1 cm
- Kreis aus Alu-Bas-
  telfolie,
  ø 7 cm, ZS. 1,3 cm
- je ein Kreis in Cha-
  mois und aus Alu-
  Bastelfolie,
  ø 9 cm, ZS. 1,5 cm
- Kreis in Chamois,
  ø 11 cm, ZS. 1,8 cm
- Stern aus Alu-Bas-
  telkarton (Schablo-
  ne C, zweitgrößter
  Stern)

VORLAGEN-
BOGEN B
Schablone C

Teelichthalter

1 Für den Innenzylinder das Rechteck aus Tonpapier 5 mm vom oberen Rand entfernt der Länge nach prägen, falten und wieder öffnen. Am 5 mm breiten Streifen zackenförmige Klebelaschen einschneiden. An einer schmalen Kante eine 8 mm breite Klebelasche mit Bleistift markieren und die andere schmale Kante aufkleben, sodass eine stabile Röhre entsteht. Die zackenförmigen Klebelaschen umbiegen und einen der Kreise von oben, den anderen von unten festkleben.

2 Eine Seite des Rechtecks in Chamois der Länge nach 4 cm vom unteren Rand entfernt mit Bleistift markieren (= Rückseite). Das Rechteck von der Rückseite aus beginnend quer in 16 Falten legen. Danach das Faltenband so vor sich hinlegen, dass sich der 3 cm breite Abschnitt rechts befindet. Die erste Falte zusammengeklappt nach oben ablegen. Die rechte, obere Ecke dieser Falte im Winkel von 45° nach unten falten und wieder öffnen. Die Falte aufklappen und flach ablegen. Mit allen nachfolgenden Falten genauso verfahren. Nun die Dreiecke des Kantenknicks nach hinten falten (Seite 20, Abb. 1+2).

3 Das Rechteck in Chamois mit Muster quer in 16 Falten legen und auf die nicht markierte Seite des bereits gefertigten Faltenbandes kleben; der Abstand zur Kante ohne Knick beträgt 1,5 cm.

4 Die Streifen aus Klebefolie auf die Kanten des schmalen Faltenbandes kleben und die Falten nochmals eng zusammendrücken. An einer Seite ½ Falte abschneiden. Die Berg-Falten der Rückseite bis zur 4 cm-Markierung gut mit Klebstoff einstreichen, ebenso die letzte ½ Falte. Das Faltenband gleichmäßig um den Innenzylinder herum kleben und die letzte ½ Falte über die erste kleben. Glaseelicht hineinstellen.

Tischlichter

→ opulent in Rot-Gold

VORAUSSETZUNG
Basisanleitung 2

MATERIAL
- Tonpapier (130 g/m²) in Dunkelrot, 2 x 25 cm x 35 cm
- Fotokarton (300 g/m²) in Dunkelrot, 10 cm x 20 cm
- einseitig beschichtetes Glanzpapier in Dunkelrot mit Streifenmuster bzw. Sternenmuster, je 25 cm x 35 cm
- Klebefolie in Gold, ca. 3 cm x 35 cm
- 2 Glasteelichter, ø 4,5 cm, 2,5 cm hoch

ZUSCHNITT GROSSES TISCHLICHT
(für das kleinere Licht gelten die Angaben in Klammern)
- 2 Rechtecke aus Tonpapier, je 6 cm x 30 cm (5 cm x 28 cm)
- Kreis aus Fotokarton, ø 8 cm (ø 8 cm)
- 2 Rechtecke aus Glanzpapier mit Streifenmuster, je 4 cm x 30 cm (Sternenmuster, 3 cm x 28 cm)
- Rechteck aus Glanzpapier mit Streifenmuster, 2 cm x 35 cm (Sternenmuster, 1,5 cm x 35 cm)
- 2 Streifen aus Klebefolie, je 5 mm x 30 cm (5 mm x 28 cm)
- Streifen aus Klebefolie, 4 mm x 35 cm (2 mm x 35 cm)

WEITERFÜHRUNG

Schimmerndes Ensemble

Stern

1 Alle Kreise in je 8 Falten legen, von der Spitze 1 mm abschneiden und wenden. Die ZS. wie angegeben schneiden.

2 Die drei kleinsten Sterne der Größe nach aufeinander kleben. Die beiden größeren ebenfalls aufeinander, dann auf den silberfarbenen Kartonstern kleben.

3 Nun den kleineren Dreifachstern versetzt obenauf kleben. Die Strasssteine gemäß Abbildung anbringen.

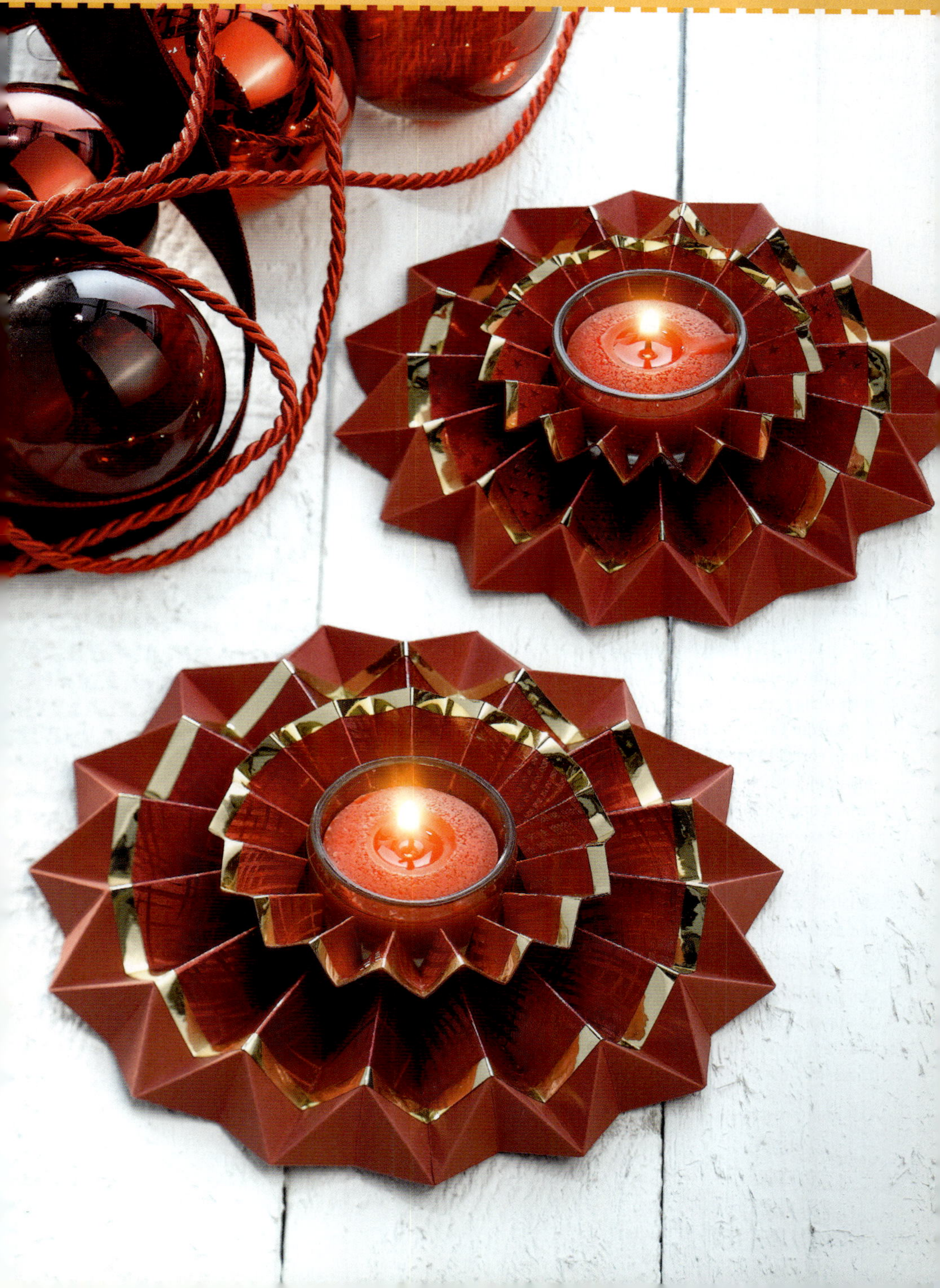

WEITERFÜHRUNG
Tischlichter

Großes Tischlicht

1 Die beiden Rechtecke aus Tonpapier in je 8 Falten legen. Danach ein Faltenband so hinlegen, dass die erste Falte als Berg-Falte liegt. Die erste Falte zusammengeklappt nach oben ablegen. Die rechte, obere Ecke dieser Falte im Winkel von 45° nach unten falten und wieder öffnen (Seite 20, Abb. 1). Die Falte aufklappen und flach ablegen. Mit allen nachfolgenden Falten genauso verfahren. Nun die Dreiecke des Kantenknicks nach hinten falten (Abb. 2).

2 Das zweite Faltenband so hinlegen, dass die erste Falte als Tal-Falte liegt. Den Kantenknick wie in Schritt 1 beschrieben falten, dabei die erste ½ Falte wie eine ganze Falte behandeln (Seite 20, Abb. 2). Die erste ½ Falte des einen und die letzte ½ Falte des anderen Faltenbandes übereinander kleben. Anfang und Ende des nun doppelt so langen Faltenbandes ebenso zusammenkleben. Die entstandene Röhre hat 15 Falten.

3 Die breiten Rechtecke aus Glanzpapier in je 8 Falten legen, dabei die Faltung bei einem Rechteck von der Papiervorderseite und beim anderen von der Papierrückseite aus beginnen. An je einer Längskante der Papiervorderseiten einen Zierstreifen (5 mm breit) anbringen. Die Faltenbänder nochmals eng zusammendrücken und anschließend wie in Schritt 2 beschrieben zu einer Röhre (15 Falten) zusammenkleben. Die Röhre aus Glanzpapier über die Röhre aus Tonpapier kleben.

4 Das Teelicht auf die Mitte des Kreises aus Fotokarton stellen. Die Röhre flach ausbreiten und um das Teelicht herum auf der Kreisfläche festkleben.

5 Das schmale Rechteck aus Glanzpapier in 16 Falten legen. An einer Längskante der Papiervorderseite einen Zierstreifen (4 mm breit) anbringen. An einem Ende ½ Falte abschneiden und Anfang und Ende zu einer Röhre (15 Falten) verbinden. Diese wie abgebildet Falte auf Falte leicht schräg aufkleben.

Das kleine Tischlicht entsprechend anfertigen.

Glanzlicht

→ in Fächerform

VORAUSSETZUNG
Basisanleitung 2

MATERIAL
- Transparentpapier extrastark (115 g/m²) in Weiß mit Goldsternmuster, 2 x 25 cm x 30 cm
- Alu-Bastelkarton (300 g/m²) in Gold, A4
- Fotokarton (300 g/m²) in Weiß, A4
- Klebebordüre in Gold, ca. 1 mm bis 2 mm breit
- Glasteelicht, ø 4,5 cm, 2,5 cm hoch
- UHU Tac Patafix

ZUSCHNITT
- 4 Rechtecke aus Transparentpapier, je 10 cm x 20 cm
- Rahmen, ø außen 20 cm, 6 mm breit
- Stern aus Alu-Bastelkarton in Gold (Schablone D, größter Stern)
- Kreis aus Fotokarton in Weiß, ø 21 cm

VORLAGENBOGEN B
Schablone D

1 Die Rechtecke gemäß Basisanleitung 2 quer in je 16 Falten legen. An einem Ende von jedem Faltenband ½ Falte abschneiden. Die erste bzw. die letzte ½ Falte von jeweils zwei Faltenbändern aufeinander kleben. Die beiden nun doppelt so langen Faltenbänder auf dieselbe Weise an beiden Seiten so miteinander verbinden, dass sich die Papierrückseite an der entstandenen Röhre außen befindet.

2 Den Stern aus Alu-Bastelkarton einmal von einer Zackenspitze zur gegenüberliegenden Zackenspitze prägen. Den Stern, den Rahmen und den Kreis aus Fotokarton jeweils zur Hälfte falten und wieder öffnen. Die Ränder von Stern und Rahmen mit Bordüren in Gold bekleben.

3 Die Röhre (60 Falten) aufrecht hinstellen. Die Falten der oberen Öffnung eng zusammen und nach unten drücken, sodass die Falten strahlenförmig liegen. Nun zuerst den Stern, dann den Rahmen aufkleben. Dabei müssen die Knickstellen auf einer Linie liegen.

4 Die eine Hälfte senkrecht nach oben klappen und anschließend den Fotokarton von hinten festkleben. Das Modell während der Trocknungszeit mit der Rückseite an eine Wand stellen und die Vorderseite z. B. mit einem Briefbeschwerer fixieren. Das Glasteelicht mit UHU Tac Patafix wie abgebildet auf dem Stern befestigen.

Hinweis: Bitte achten Sie unbedingt darauf, dass der senkrechte Teil des Tischlichtes nicht mit der Flamme in Berührung kommt!

Dose in Chamois-Mint

→ anspruchsvoll

VORAUSSETZUNG
Basisanleitung 1+2

MATERIAL
- Briefpapier mit Seidenglanz in Chamois, A4
- Briefpapier mit Seidenglanz und Muster in Chamois, 3 x A4
- einseitig beschichtetes Glanzpapier in Mint, ca. A5
- Alu-Bastelfolie in Silber, ca. A5
- Alu-Bastelkarton (300 g/m²) in Silber, mind. 10 cm x 10 cm
- Fotokarton (300 g/m²) in Creme oder Weiß, ca. 20 cm x 35 cm
- Klebefolie in Silber, mind. 3 cm x 21 cm
- 9 Strasssteine in Hellgrün, 5 mm x 5 mm

ZUSCHNITT INNENBECHER AUS FOTOKARTON
- 2 Kreise, je ø 10,6 cm
- Rechteck, 3,5 cm x 35 cm

DOSENBODEN
- 2 Rechtecke in Chamois mit Muster, je 14 cm x 21 cm
- 2 Kreise in Chamois mit Muster, je ø 4 cm
- 2 Kreise aus Fotokarton, je ø 4 cm

DECKEL
- 2 Rechtecke in Chamois mit Muster, je 12 cm x 21 cm
- 2 Kreise in Chamois mit Muster, je ø 4 cm
- 2 Kreise aus Fotokarton, je ø 4 cm

RAND- UND DECKELVERZIERUNG
- 2 Rechtecke in Mint, je 5 cm x 21 cm
- 4 Streifen aus Klebefolie, je 4 mm x 21 cm
- 2 Streifen aus Klebefolie, je 3 mm x 21 cm

DECKELVERZIERUNG STERN
- Stern aus Alu-Bastelkarton (Schablone B, zweitkleinster Stern)
- je 1 Kreis in Chamois mit Muster, ø 5 cm, ZS. 1 cm und ø 7 cm, ZS. 1,3 cm
- je 1 Kreis aus Alu-Bastelfolie, ø 6 cm, ZS. 1 cm und ø 8 cm, ZS. 1,5 cm
- je 1 Kreis in Chamois, ø 7 cm, ZS. 1,3 cm und ø 9 cm, ZS. 1,6 cm
- 2 Kreise in Chamois, je ø 3 cm

VORLAGENBOGEN B
Schablone B

1 Zunächst den Innenbecher herstellen. Dazu die beiden Kreise aus Fotokarton (ø 10,6 cm) aufeinander kleben. Das Rechteck um den Rand kleben und trocknen lassen.

2 Die Rechtecke für den Boden der Länge nach auf der Rückseite bei 5,3 cm und 9,8 cm vom unteren Rand entfernt prägen, zur Rückseite hin falten und wieder öffnen. Nun beide Rechtecke gemäß Basisanleitung 2 quer in je 16 Falten legen. Dabei die Rechtecke so hinlegen, dass zu Beginn der Faltung die Längsfalten des einen Rechtecks als Tal-Falten und die des anderen als Berg-Falten liegen. Die Faltenbänder lassen sich nun nahezu unsichtbar miteinander verbinden, indem die erste ½ Falte des einen und die letzte ½ Falte des anderen aufeinander geklebt werden. Dabei unbedingt darauf achten, dass die Längsfalten zusammenpassen.

3 Das nun doppelt so lange Faltenband auseinander ziehen und glatt streichen. Das schmalste Längsteil wie zu Beginn beschrieben falten und auf das Mittelteil kleben (Seite 26, Abb. 1), dabei die erste und die letzte Falte nicht mit Klebstoff bestreichen. Das 5,3 cm breite Längsteil ebenfalls wie zu Beginn beschrieben falten, aber nicht aufkleben. Nun die drei übereinanderliegenden Papierlagen den längsten Falten entsprechend noch einmal falten. Dabei werden die Falten des Mittelteils gegengefaltet.

4 Die Falten etwas dehnen, dazu je ein bis zwei einander gegenüberliegende Falten nahe der Längsfalte fassen und vorsichtig auseinander

WEITERFÜHRUNG

Dose in Chamois-Mint

ziehen; dabei soll ein leichter Widerstand zu spüren sein (Abb. 2). Diesen Vorgang mit allen Falten wiederholen. Danach das Faltenband abschnittsweise eng zusammendrücken.

5 Das Faltenband wieder auseinander ziehen, aber nicht glatt streichen. Nun die erste und die letzte ½ Falte übereinander kleben, den umgeklappten Teil der ersten in den umgeklappten Teil der letzten ½ Falte stecken. Die Falten des Bodens (5,3 cm lang) eng zusammenschieben und mittig auf einen Kreis aus Fotokarton (ø 4 cm) kleben. Einen zweiten Kreis innen aufkleben. Festhalten und antrocknen lassen. 2 Kreise in Chamois mit Muster (ø 4 cm) auf die Kreise aus Fotokarton kleben. Den Rand senkrecht aufdehnen und den Innenbecher einsetzen.

6 Den Deckel mit den Längsmarkierungen bei 5,3 cm und 8,8 cm auf dieselbe Weise anfertigen und nach dem Trocknen über das Bodenteil stülpen.

7 Während der Trocknungszeit den Stern für den Deckel anfertigen. Die entsprechenden Kreise gemäß Basisanleitung 1 falten, die äußerste Spitze abschneiden, wenden und die ZS. wie angegeben schneiden. Je 3 Sterne der Größe nach aufeinander kleben. Die beiden Dreifachsterne jeweils auf einen Kreis (ø 3 cm), dann versetzt aufeinander kleben. Den Sechsfachstern ebenfalls versetzt auf den Stern aus Alu-Bastelkarton kleben. Die Strasssteine wie abgebildet befestigen.

8 Für die Rand- und Deckelverzierungen die beiden Rechtecke aus mintfarbenem Papier der Länge nach mit Bleistift bei 3 cm markieren und quer in je 16 Falten legen. Dabei die Faltungen bei einem Rechteck von der Papiervorderseite aus beginnen und bei dem anderen von der Papierrückseite aus. Danach an den Markierungslinien auseinander schneiden. Nun je 2 Faltenbänder gleicher Breite zu einem langen Faltenband aneinander kleben und glatt streichen. Das 2 cm breite Faltenband an beiden Längskanten mit Streifen aus Klebefolie (4 mm breit) bekleben. Das 3 cm breite Faltenband nur an einer Längskante mit 3 mm breiter Klebefolie bekleben. Beide Faltenbänder nochmals eng zusammenfalten. Das schmalere Faltenband auf den Deckelrand aufkleben. Das breitere Faltenband Falte auf Falte auf den Deckel kleben. Die Falten bis eng an den aufgeklebten Kreis heranschieben.

9 Zum Schluss den Stern aufkleben. Die Dose erhält ihre Stabilität erst, wenn der Klebstoff völlig trocken ist. Das kann mehrere Stunden dauern.

Tipp: Sehr schön sieht die Dose auch in der abgebildeten Farbvariante aus. Sie benötigen hierzu Briefpapier mit Seidenglanz und Muster in hellem Kupfer, einseitig beschichtetes Glanzpapier in Kupfer sowie 9 Strasssteine in Rosenquarz.

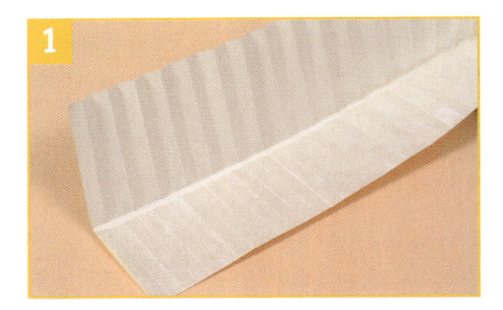

VORAUSSETZUNG
Basisanleitung 2

MATERIAL 2 ENGEL
- Tonpapier (130 g/m²) in Weiß, 2 x A4
- Klebefolie in Silber, ca. 3 cm x 20 cm
- 2 Fassettenperlen in Kristall, ø 1,5 cm
- Nähfaden in Silber, 2 x 15 cm lang

ZUSCHNITT FÜR 2 KLEIDER
- Rechteck aus Tonpapier, 8 cm x 11 cm
- Rechteck aus Tonpapier, 5 cm x 9 cm
- 2 Kreise aus Tonpapier, je ø 2 cm
- 2 Streifen aus Klebefolie, je 3 mm x 10 cm

FÜR 2 FLÜGEL-PAARE
- 2 Trapeze aus Tonpapier, je 3 cm x 9 cm x 10 cm
- 2 Streifen aus Tonpapier, je 1,5 cm x 6 cm
- 8 Streifen aus Klebefolie, je 3 mm x 10 cm
- 4 Streifen aus Klebefolie, je 3 mm x 6 cm

VORLAGENBOGEN A
Trapez für Flügel

Dekorativer Christbaumschmuck

→ auch als Geschenkanhänger schön!

Abbildung siehe Seite 29

Engel

1 Für die Kleider das große Rechteck an einer Längsseite bei 7 cm, an der anderen bei 4 cm markieren und die Punkte mit einer Bleistiftlinie verbinden (Seite 28, Abb. 1). Das Rechteck in 8 Falten legen, danach an der Markierungslinie auseinander schneiden. Die Faltenbänder glatt streichen und so hinlegen, dass jeweils die erste und die letzte Falte als Tal-Falten liegen. An den schrägen Kanten Streifen aus Klebefolie (10 cm lang) anbringen, Überstehendes abschneiden (Seite 28, Abb. 2). Die Falten nochmals eng zusammendrücken.

2 Das kleinere Rechteck an den Längsseiten bei 6 cm bzw. 3 cm markieren und an der Verbindungslinie auseinander schneiden, nicht falten (Abb. 2). Gleichmäßig mit UHU extra einstreichen und die Faltenbänder jeweils so daraufkleben, dass die geraden Kanten genau aufeinander liegen. An der schrägen Kante steht das Faltenband 1 cm über. Die erste und die letzte halbe Falte glatt aufkleben, es bleiben 7 Berg-Falten.

3 Während der Trocknungszeit die Flügel herstellen (siehe auch Seite 9, Abb. 1). Die Trapeze in je 8 Falten legen, glatt streichen und an den schrägen Kanten der Vorder- und Rückseiten Streifen aus Klebefolie (10 cm lang) aufkleben, nochmals eng falten. Nun die Streifen in Weiß (1,5 cm x 6 cm) an den Längskanten mit Klebefolie bekleben. Um die Mitte der Flügelpaare je einen Streifen wickeln und festkleben. Bei der letzten Windung (zwischen den kurzen Falten) in der Mitte des Streifens mit einer Nadel ein Loch einstechen. Einen Faden durchziehen, auf der Rückseite verknoten und mit festkleben. Die Flügel auffächern.

4 Nun die Kleider fertig stellen: Dazu die Faltenbänder mit der glatten Rückseite nach oben hinlegen und behutsam ohne viel Druck

WEITERFÜHRUNG

Dekorativer Christbaumschmuck

von den langen Falten her so eng wie möglich aufrollen und festhalten. Das schmale Ende mit Klebstoff befestigen. Von oben betrachtet sollten jetzt 6 Zacken zu sehen sein. Nun auf die oberen Kanten der Röhren UHU extra auftragen und je einen Kreis (ø 2 cm) aufkleben. Das Papier an den Zacken entlang abschneiden.

5 Die Flügelteile aufkleben, die Fassettenperle auffädeln und eine Schlaufe für die Aufhängung knoten.

VORAUSSETZUNG
Eiszapfen:
Basisanleitung 2
Sterne:
Basisanleitung 1

MATERIAL 2 EISZAPFEN
- Tonpapier (130 g/m²) in Weiß, A4
- Klebefolie in Silber, ca. 2 cm x 16 cm
- Nähfaden in Silber, 2 x 15 cm lang

8 STERNE
- Tonpapier (130 g/m²) in Weiß, A4
- Alu-Bastelkarton (300 g/m²) in Silber, A4
- Silberdraht, ca. ø 0,5 mm, 8 x 10 cm lang
- 8 Strasssteine in Kristall, ø 5 mm

ZUSCHNITT FÜR 2 EISZAPFEN
- Rechteck aus Tonpapier, 8 cm x 15 cm
- Rechteck aus Tonpapier, 8 cm x 10 cm
- 2 Kreise aus Tonpapier, je ø 2 cm
- 2 Streifen aus Klebefolie, je 3 mm x 16 cm
- 2 Kreise aus Klebefolie, je ø 1,2 cm

PRO STERN
- Kreis aus Tonpapier, ø 7 cm, ZS. 1,2 cm (3 Rahmen, je 3 mm breit)
- Stern aus Alu-Bastelkarton (Schablone A, kleinster Stern)
- Klebefilm

VORLAGENBOGEN B
Schablone A

Eiszapfen

1 Die beiden Rechtecke jeweils an einer Breitseite bei 7 cm und an der anderen bei 1 cm markieren und die Punkte mit einer Bleistiftlinie verbinden. Das kleine Rechteck an der Verbindungslinie auseinander schneiden. Das größere Rechteck in 16 Falten legen (Abb. links).

2 Die Eiszapfen sinngemäß wie die Kleider der Engel anfertigen (Seite 27, Schritte 1, 2 und 4).

3 Durch die Kreise aus Klebefolie mittig ein Loch stechen, je einen Faden durchziehen und diesen auf der Klebefläche der Rückseite fixieren. Die Kreise oben auf die Eiszapfen kleben und die Fäden zu Schlaufen für die Aufhängung verknoten.

Sterne

1 Die Sterne in Weiß nach der Anleitung für den größeren Stern der Grußkarte (Seite 10) anfertigen und auf die Sterne in Silber aufkleben. Je einen Strassstein mittig aufkleben.

2 Auf der Rückseite mit einem Klebestreifen je ein Stück Silberdraht befestigen und den Draht zu einem Haken für die Aufhängung biegen.

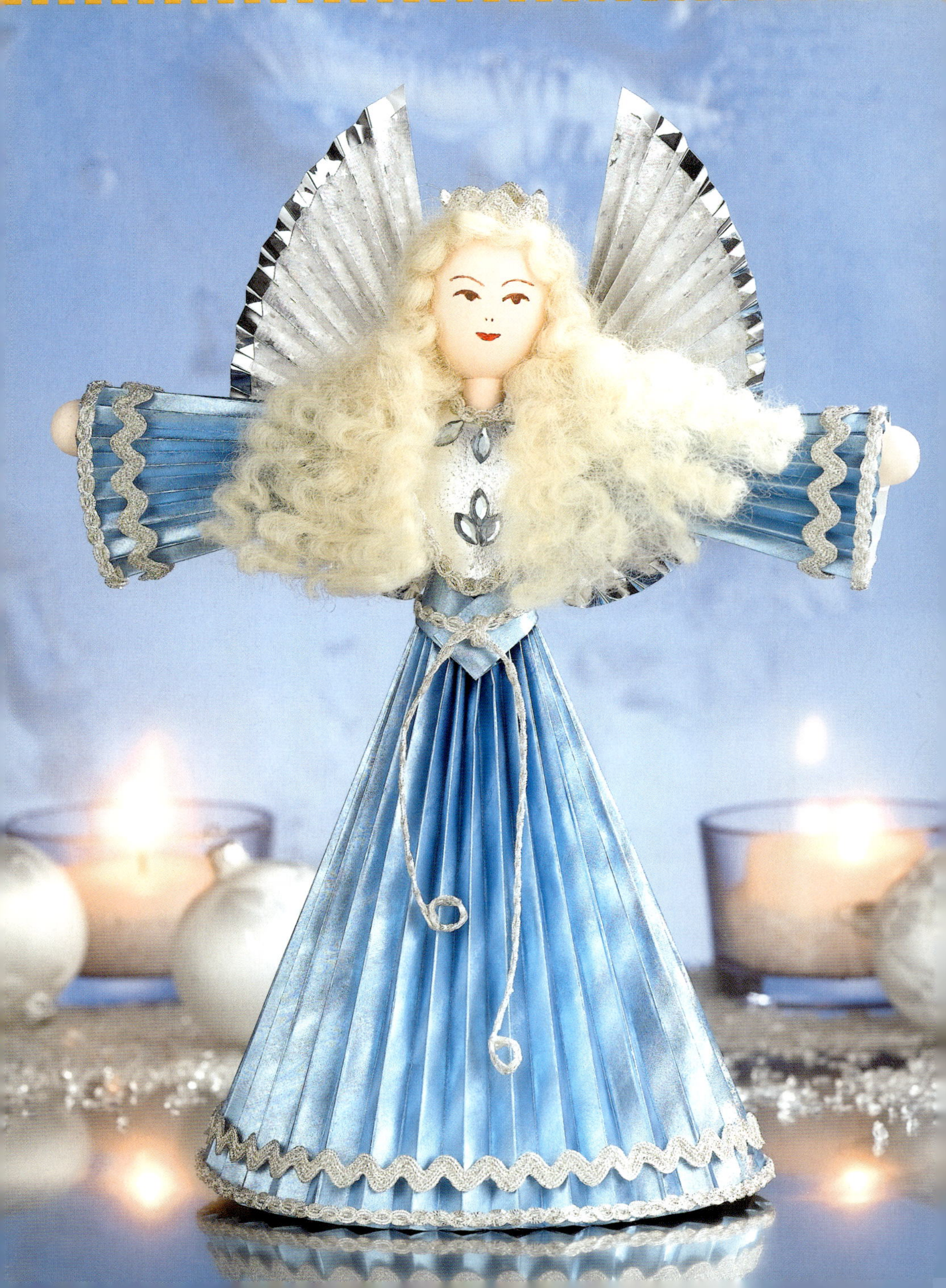

Rauschgoldengel

→ traumhafte Nostalgie

VORAUSSETZUNG
Basisanleitung 2

MATERIAL
- Tonpapier (130 g/m²) in Weiß, A5
- einseitig beschichtetes Glanzpapier in Hellblau, 2 x 25 cm x 35 cm
- Alu-Bastelfolie mit Sternenmuster in Silber, A4
- Alu-Bastelkarton (300 g/m²) in Silber, 7 cm x 13 cm
- Klebefolie in Silber, 1 cm x 25 cm
- Holz-Ei, 3 cm x 4 cm
- 2 Rohholzperlen, ø 1,5 cm (3 mm-Bohrung)
- Holzstab, ø 3 mm, 22 cm lang
- Acrylfarbe in Hautfarbe, Dunkelbraun und Rot
- sehr feiner Haarpinsel
- Puppenzopf in Blond, ca. 15 cm lang
- Zackenborte in Silber, 1 cm breit, 80 cm lang
- geflochtene Borte in Silber, 4 mm breit, 1,20 m lang
- 6 Strasssteine „Blätter" in Hellblau, 5 mm x 1 cm

ZUSCHNITT
- Rechteck aus Tonpapier, 10 cm x 15 cm
- 2 Rechtecke aus Glanzpapier, je 9,5 cm x 16 cm (Ärmel)
- 2 Rechtecke aus Glanzpapier, je 3 cm x 16 cm (Taille)
- 2 Rechtecke aus Glanzpapier, je 16 cm x 25 cm (Rock)
- Rechteck aus Glanzpapier, 2,5 cm x 11 cm (Bund)
- Trapez aus Alu-Bastelfolie, 8 cm x 20 cm x 22 cm (Flügel)
- 2 Streifen aus Klebefolie, je 5 mm x 22 cm (Flügel)
- Streifen aus Klebefolie, 1 cm x 3 cm (Flügelmitte)
- Brustschild in Silber (Schablone I)

VORLAGENBOGEN A + B
Schablone I, Gesicht und Trapez für Flügel

1 Das Rechteck in Weiß so aufrollen, dass eine 10 cm lange Röhre mit ø 1 cm entsteht, die Kante festkleben. 1,5 cm von einem Ende entfernt behutsam mit einer dicken Nadel zwei einander gegenüberliegende Löcher einstechen. Diese mit einer Stricknadel erweitern und den Holzstab hindurchschieben. Die Holzkugeln auf die Enden des Holzstabes stecken und festkleben. Das Ende der Röhre oberhalb des Stabes mit UHU extra einstreichen und das Holz-Ei mit dem schmalen Ende aufkleben. Gut trocknen lassen, anschließend Kopf, Hals und Hände gemäß Vorlage mit Acrylfarbe bemalen (Abb. 1).

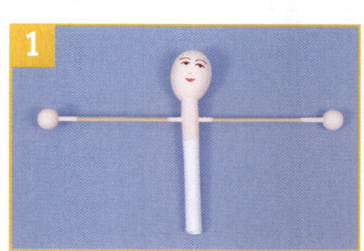

2 Die Rechtecke für die Ärmel in je 16 Falten legen (Breite der Faltenbänder: 9,5 cm) und die erste und letzte Falte übereinander kleben. Je ein Ende der entstandenen Röhren auf der Innenseite mit UHU extra einstreichen und über den Holzstab schieben.

WEITERFÜHRUNG
Rauschgoldengel

Nun die Falten eng zusammendrücken und am Holzstab dicht an der Tonpapierröhre festkleben.

3 Für die Taille zwei Faltenbänder (3 cm breit) mit je 16 Falten herstellen. Die Faltenbänder aneinander kleben (31 Falten) und die Falten eng zusammendrücken. Anfang und Ende miteinander verbinden. Die Tonpapierröhre unterhalb der Ärmel mit UHU extra einstreichen und das Taillenteil darüber schieben und festkleben.

4 Für den Rock zwei Faltenbänder (16 cm breit) mit je 16 Falten fertigen und miteinander verbinden: Anfang und Ende zusammenkleben, sodass eine Röhre entsteht. An einer Öffnung die Falten eng zusammendrücken und unterhalb des Körperteils ankleben. Einige Zeit festhalten und trocknen lassen. Das Rechteck für den Bund an jeder Längsseite 5 mm, an einer Breitseite 1 cm zur Rückseite hin falten und festkleben. Den Bund nun um die Taille legen und schräg überlappend vorne übereinander kleben (Abb. 2).

5 Den Brustschild mit Borte in Silber (4 mm breit) und Strasssteinen verzieren, über die Ärmel legen. Vorne und hinten am Taillenteil festkleben, hinten überlappend. Am Rock und an den Ärmeln wie abgebildet die Silberborten anbringen und um die Taille ein 30 cm langes Stück Silberborte (4 mm breit) binden. Die Enden einrollen und festkleben. Den Puppenzopf aufflechten, in Form ziehen und mit UHU extra auf dem Kopf befestigen. Für das Krönchen ein 7 cm langes Stück Zackenborte zum Kreis zusammenkleben und auf dem Haar befestigen.

6 Die Flügel wie auf Seite 9, Schritt 3, beschrieben arbeiten, jedoch nur auf der Vorderseite Zierstreifen befestigen. Um die Flügelmitte den Streifen aus Klebefolie winden. Die Flügel auf dem Rücken festkleben.

DIESES BUCH ENTHÄLT 1 VORLAGENBOGEN

IMPRESSUM

FOTOS: frechverlag GmbH, 70499 Stuttgart; Fotostudio Ullrich & Co., Renningen; Rudi Vogelbacher (Schrittfotos)
DRUCK: frechdruck GmbH, 70499 Stuttgart

Wir danken den Firmen Marpa Jansen GmbH & Co. KG, Mönchengladbach und Wickels Papierveredelungs-Werke, Buntpapierfabrik GmbH, Fürth.

Materialangaben und Arbeitshinweise in diesem Buch wurden von der Autorin und den Mitarbeitern des Verlags sorgfältig geprüft. Eine Garantie wird jedoch nicht übernommen. Autorin und Verlag können für eventuell auftretende Fehler oder Schäden nicht haftbar gemacht werden. Das Werk und die darin gezeigten Modelle sind urheberrechtlich geschützt. Die Vervielfältigung und Verbreitung ist, außer für private, nicht kommerzielle Zwecke, untersagt und wird zivil- und strafrechtlich verfolgt. Dies gilt insbesondere für eine Verbreitung des Werkes durch Fotokopien, Film, Funk und Fernsehen, elektronische Medien und Internet sowie für eine gewerbliche Nutzung der gezeigten Modelle. Bei Verwendung im Unterricht und in Kursen ist auf dieses Buch hinzuweisen.

Auflage: 5. 4.
Jahr: 2010 2009 2008 [Letzte Zahlen maßgebend]

ISBN 10: 3-7724-3522-X
ISBN 13: 978-3-7724-3522-5
Best.-Nr. 3522

© 2006 frechverlag GmbH, 70499 Stuttgart